兵家鼻祖——孙武

◎ 主编　金开诚

◎ 编著　闫文静

吉林出版集团有限责任公司

吉林文史出版社

图书在版编目（CIP）数据

兵家鼻祖——孙武 / 闫文静编著 . —长春：吉林
出版集团有限责任公司，2011.4（2022.1重印）
ISBN 978-7-5463-5057-8

Ⅰ.①兵… Ⅱ.①闫… Ⅲ.①孙武（前533～?）–生
平事迹 Ⅳ.① K825.2

中国版本图书馆 CIP 数据核字（2011）第 053481 号

兵家鼻祖——孙武

BINGJIA BIZU SUNWU

主编/ 金开诚 编著/闫文静
项目负责/崔博华 责任编辑/崔博华 高原媛
责任校对/高原媛 装帧设计/李岩冰 刘冬梅
出版发行/吉林文史出版社 吉林出版集团有限责任公司
地址/长春市人民大街4646号 邮编/130021
电话/0431-86037503 传真/0431-86037589
印刷/三河市金兆印刷装订有限公司
版次/2011 年 4 月第 1 版 2022 年 1 月第 6 次印刷
开本/640mm×920mm 1/16
印张/9 字数/30千
书号/ISBN 978-7-5463-5057-8
定价/34.80元

前 言

    文化是一种社会现象，是人类物质文明和精神文明有机融合的产物；同时又是一种历史现象，是社会的历史沉积。当今世界，随着经济全球化进程的加快，人们也越来越重视本民族的文化。我们只有加强对本民族文化的继承和创新，才能更好地弘扬民族精神，增强民族凝聚力。历史经验告诉我们，任何一个民族要想屹立于世界民族之林，必须具有自尊、自信、自强的民族意识。文化是维系一个民族生存和发展的强大动力。一个民族的存在依赖文化，文化的解体就是一个民族的消亡。

    随着我国综合国力的日益强大，广大民众对重塑民族自尊心和自豪感的愿望日益迫切。作为民族大家庭中的一员，将源远流长、博大精深的中国文化继承并传播给广大群众，特别是青年一代，是我们出版人义不容辞的责任。

    本套丛书是由吉林文史出版社和吉林出版集团有限责任公司组织国内知名专家学者编写的一套旨在传播中华五千年优秀传统文化，提高全民文化修养的大型知识读本。该书在深入挖掘和整理中华优秀传统文化成果的同时，结合社会发展，注入了时代精神。书中优美生动的文字、简明通俗的语言、图文并茂的形式，把中国文化中的物态文化、制度文化、行为文化、精神文化等知识要点全面展示给读者。点点滴滴的文化知识仿佛颗颗繁星，组成了灿烂辉煌的中国文化的天穹。

    希望本书能为弘扬中华五千年优秀传统文化、增强各民族团结、构建社会主义和谐社会尽一份绵薄之力，也坚信我们的中华民族一定能够早日实现伟大复兴！

目录

一、春秋纷争 战事连绵

　　孙武大约出生在公元前535年，也称孙子，字长卿，春秋时齐国乐安人，是伟大的军事家和军事理论家，我国军事理论的奠基者。在祖父、父亲的影响下，他自幼对军事兴趣浓厚，专心研究兵法，辅佐吴王，带兵东征西战，功不可没。他用毕生心血著成《孙子兵法》，此书不但是我国最早的兵书，而且在军事理论方面也达到了难以企及的高度，在军事哲学

方面也堪称民族智慧的结晶。《孙子兵法》为中国古代军事学奠定了基础,对后世产生了广泛而深远的影响。俗话说时势造英雄,一位卓越军事家的出现,与其所生活的时代紧密相关。孙武生活在春秋末年,那是一个充满杀戮、动荡不安、礼崩乐坏的时代,也是一个富于变革、思想激烈碰撞的时代。在周王朝建立之初,由于当时交通落后,对一个大的疆域实行统一管理是非常困难的,所以,周天子为了维护国土完整,把全国划分为几个小的国家,国都附近的地方由周天子直接管理,其他地区分别让自己的亲戚或者有功的大臣们来管理。封各个小国的首领为侯,同时定下各种法令,包括诸侯们要定期到中央朝见周天子、交纳贡品、报告政治经济的大事件、反映地方民情,另外分封诸侯国的国君可以世代沿袭。开始几代的诸侯国君对王室还怀有感激之情，恪守君臣之道，而后面的国君与周天子的关系越来越疏远，产生了反叛之心，朝见天子也不再像从前那样遵守严格的礼节，渐渐流于形式，甚至取消了进贡。自从周平王迁都后，国都的面积大大缩小，周王朝的核心地位受到威胁，各地诸侯已不再听命于周王，周王朝曾经制定的一整套完备的礼仪制度也已不复存在了，大到君臣之礼、小到家庭生活，都处于混乱的状态。由于地理位置、人口数量的不同，各诸侯国的发展逐渐拉开差距，那些日趋强大的诸侯国常常打着"尊王"的大旗，代替周天子召集诸侯，发号施令，实际上掌握着政治军事大权。

在这样的乱世，权力和利益是一切行动的目的。各诸侯国都

想趁此机会抢占更多的土地和劳动力，进而赢得霸主的地位，在当时要达到这个目的只有靠战争的力量才能实现。据史书记载，在二百四十年的时间里，大约发生了大大小小四百八十三次战争。

中国古代是农业社会，占有了土地也就意味着拥有了充足的资源，当地归顺的百姓可以为战争提供兵源、劳力，疆域的大小是一个国家强盛的重要标志。因此，国与国之间的战争，主要是争夺土地的战争，进而产生著名的五霸（齐桓公、晋文公、楚庄王、吴王阖闾、越王勾践）先后活跃于春秋时期的历史舞台上。除了服务于中央的兵力外，各国还纷纷组建起自己的军队，这些私人的军队担负着维护国内安定、为国君征讨其他国家的任务。为增强实力、巩固地位，各国国君广纳贤才。例如，齐国国君齐桓公礼贤下士，任用管仲改革政治军事，加强防守，齐桓公二年攻占谭，三年后，占领了

遂，桓公二十年，讨伐卫国，并且大获全胜，十年后，桓公召集其他各诸侯国一同攻打蔡，在此期间，还征服了前来侵犯的东南少数民族军队，共三十一个国家。在晋国，晋献公先后攻占了耿、霍、魏、虢、虞，等到晋文公继承祖业后，颁布了许多发展农业和商业的政策，使人民生活富足，国家蒸蒸日上，为成就霸业奠定了坚实的基础。公元前632年，晋与齐、秦等国联盟，在城濮大败楚军，盛极一时，到晋襄公时先后多次击溃秦军。位于南方的楚国也抓住机会发展自己，楚庄王任用孙叔敖兴修水利、鼓励农耕，公元前597年打败北方强国楚国，成为当时国土面积最大的诸侯国。可见当时战争是极为普遍的事，大国吞并小国、大国与大国之间的争夺十分激烈，力量此消彼长，各国不敢稍有懈怠。

在国内，诸侯国君与下属卿大夫之

间由于土地分配、收取赋税等问题也发
生了激烈的冲突。为了不断扩大自己的管
辖区域、聚敛财富、增强自身的实力，郑
国子展、子西杀掉子孔并且将其家里的财
产分尽。齐国、鲁国内政混乱，在当时尽
人皆知。公元前545年，齐国几大有权势
的家族互相倾轧，齐庆封陷害崔氏家族，
杀死崔成、崔强。第二年，高、陈、栾、鲍
四大家族又联合致庆氏于死地，庆氏家
族最终没落，资财一空，子孙只得仓皇离
散，投奔吴国。几年之后，这四大家族之

间又展开激烈拼争,分为两派,陈、鲍两家联手举兵攻打栾、高联军,激战数日,血流成河。鲁国也不太平,公元前517年鲁昭公讨伐本国的大族之一季氏,不料被季氏、孟氏、叔孙氏三家联合击败,大挫昭公锐气。孟氏、阳虎两家趁昭公元气大伤之际,试图夺取国君宝座,在叫做且知的地方横扫昭公残军。然而孟氏与阳虎两家也在打着各自的小算盘,公元前502年,阳虎劫持丧失实权的昭公,以无礼为借口讨伐孟氏,结果未能遂愿,将士损伤严重。由于战争频繁,国家三番五次地征兵,百姓没有时间种田,导致土地一片荒凉,庄稼颗粒无收,人民食不果腹、衣不蔽体,性命一文不值,走投无路之际便揭竿而起。周景王二十五年,国内手工业者难以维持生计,对统治者充满怨恨之情,于是相约举兵,夜间偷袭王宫,结果被王室军队镇压。由于社会上没有统一的法律法规约束,杀人、抢劫是常有之事,春秋时期的晋国大盗猖獗,强盗公然行走在大道上,也无人问津,当时的人们持有这样的观念,国与国之间常常发生战争,臣下篡权,国家易主,像窃取国家这样的大事都是家常便饭、无人指责,何况是拿他人一件器具、一袋粮食,比起篡夺国家

大权这简直是微不足道的。

面对纷纭的战争，讨论军队阵势、作战方式、预测未来格局成为春秋时期的热点话题，各地的智谋之士相继提出了作战之法、制胜之道，他们或是受人举荐或是主动奔走于各诸侯国为诸侯效力。《左传》中记载了一场历史上有名的以少胜多的战役，即长勺之战，在这场战役中，鲁国采纳曹刿的战争策略"一鼓作气，再而衰，三而竭"，战胜强敌。晋国士会提出"见可而进，知难而退，军之善政，兼弱攻昧，武之善经也"，也就是说在战争中要善于抓住时机，攻打弱小的国家，见有利的形势才可以发动战争。在春秋时代，各种军事思想闪烁着智慧之光，同时也涌现了一批杰出的军事奇才。

二、生于兵家　自幼聪颖

优越的家庭环境是孙武成长的沃土，他在军事方面的才能并不是从天而降的。追溯孙武的家谱，他的祖先叫妫满，当初周天子将陈（今河南东部和安徽一部分，建都宛丘，今河南淮阳）这个地方封给他，妫满便成为陈国的第一位国君。在桓公时期，陈国发生了内乱，陈厉公的两个兄弟篡夺王位，互相残杀，厉公之子陈完，为了避祸，逃往齐国，改姓田。

田完出身贵族，从小受过良好的教育，在齐国任"工正"一职，管理手工业者。孙武的曾祖父田无宇精通用兵之道，多次带兵作战，不仅仅在战场上有自己的一套策略，还深通权变。当时齐国的各大姓氏之间存在着明争暗斗，庆、栾、高、鲍四家水火不相容，庆氏势力最大，田无宇先是投靠庆氏，后来知道庆氏为其他大族暗算处于被动地位后，他主动献计联合其他三家削弱庆氏，维护了自己家族的地位。由于战乱不断，齐景公为了补给军队，对百姓横征暴敛，人民生活极度艰难，而田无宇认为长期这样做只能失去百姓的信任，使得人们纷纷离开自己的领地，庄稼将无人耕种，甚至导致家族没落。于是他体恤百姓，从减轻赋税做起，借贷农具给百姓，齐国的百姓像对待父母那样尊重他，远处的百姓听说田无宇待人厚道也来田家种地。孙武的祖父叫田书，在朝廷官居大夫一职，田家经过四代人的努力，在齐国的势力渐渐发展起来，他们拥有了一支勇于冲锋陷阵的家族军队。在一次率兵攻打莒国的战争中，田书把握局势，指挥有方，立下赫赫战功，齐景公为了奖赏他，赐给他乐安这个地方，并且赐姓孙氏，在当时姓氏是一个家族的象征，得到国君的赏赐也是极为难得和荣幸的大事。从此，田家改姓孙氏。孙武的父亲田凭善于外交辞令，常常奉命出使外国，祖孙功绩显赫，孙氏家族名重一时。公元前545年，孙武降生在这样一

个武将之家，家人给他取名为"武"，字"长卿"，"卿"是当时的官职，相当于大夫。祖父田书为齐国大夫，父亲田凭为齐卿，可见给新生儿起这个名字就是希望孙武继承家族精通军事的传统，成为一代名将，建立丰功伟业。

孙武自幼聪慧，过着衣食无忧的日子，武将世家让他早早地就接触军事，书房里的各类兵书成为孙武童年时代一群特殊的伙伴，那些生僻的文字小孙武并不能一一看懂，但这些厚重的竹简激起了他强烈的好奇心。祖父和父亲大多时间在朝廷做官、带兵打仗，所以母亲成为他的第一位启蒙老师，母亲出身贵族，贤惠善良、饱读诗书，她教导小孙武一个优秀的人应该充满智慧、学问高深、宽容大度、做事谦虚谨慎。母亲的教导如汩汩清泉滋润着小孙武稚嫩的心灵。他勤于思考问题，母亲讲的故事往往都会引出小孙武无休止的问题，比如，人是什么造出来的、是什么将太阳悬挂在天空不掉下来……盼望着祖父从战场凯旋对小孙武来说是一件兴奋的事情，他跳来跳去地围着祖父让他讲打仗的事，祖父也十分宠爱这个灵动可爱的小孙子。5岁的时候，母亲把小孙武送到官府开办的学堂，由老师专门教他学习古代经典、诵读诗书，小孙武对兵书表现出浓厚的兴趣。有一次，当他坐在书桌前大声念到"国之大事，在祀与戎"时，突然眉头紧锁，他立刻站起来向老师请教："先生，这句话中的祀是什么？戎又是什么？"老师习以为常地给出了答案："祀是祭祀，戎是作战。"孙武接着又问："那么祭祀仅仅是人们表达自己的愿望之情，怎么能和作战这样的国家大事相提并论呢？"老师面色微微有些改变，第一次遇到这样的问题，无从作答。这时候，孙武又说："先生，我想，只有战争，才算得上一

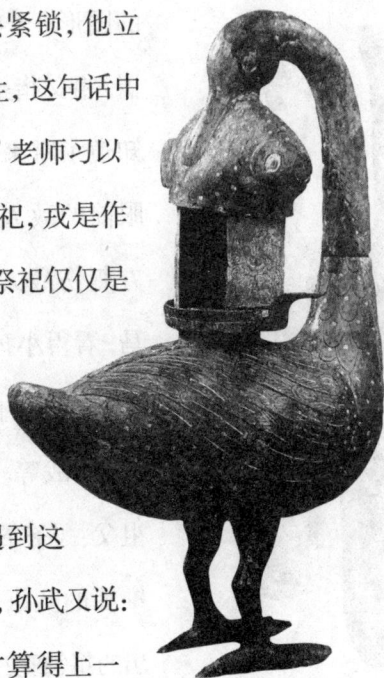

个国家的大事，关系到国家和老百姓的生死存亡，所以无论是国君还是大臣都应该认真地对待。"

在小孙武的记忆里，走进祖父的军营，领略兵阵的威仪，为他打开了另一个神秘而动人心魂的世界。远远望着，旌旗飘扬、呼声震天、气势恢弘，身着铠甲的士兵精神抖擞，随着将帅手中挥动的小旗，迅速摆开阵势，变换队列，组成复杂的图形。士兵们手中拿着形状不同的武器，祖父指给他那些武器的名字，小孙武知道了原来戈、矛和戟都可以用来刺杀眼前的敌人，而弩可以发射到很远的地方刺伤敌人，还有排列井然的战车、战马，看得小孙武目不暇接。祖父告诉他不同的战争要使用不同的装备，有车战、步战、水战等。走进帐篷，小孙武兴奋地问祖父："爷爷，我将来也想拥有这样威武雄壮的队伍，可是怎样才能成为一个杰出的将领呢？"田书摸摸他的小脑袋，说：

"善于观察、聪明、勇敢的人才可以。"
小孙武着急地说:"爷爷,到底要怎样做
呢? 我想听。"田书把小孙武抱到腿上,
说:"聪明的将领要懂得什么时候形势有
利应该出战,什么时候需要休养生息,避
开敌军的锐气。说到底,身为一军之首最
忌讳的弱点:一是有勇无谋、不惜牺牲士
卒性命去攻打城池,二是胆小如鼠、临阵
退缩、贪生怕死;三是性情急躁,一听到
诽谤的话就暴跳如雷、丧失理智;四是过
分在意自己的名声、承受不住侮辱的言
辞;五是盲目地关心百姓,不舍得伤其毫
发,这样就会赏罚不明,法令难以实行。"
小孙武听了这些,迫不及待地问:"那么,
军队训练得这么好,如果这
些士兵都听我的话,就可
以打胜仗了吧?"田书摇
摇头,笑一笑说:"孩子,打
一场胜仗可没你想
象的那么容易啊,

除了你说的士兵要训练有素之外，还要有战车、盔甲、弓等先进的兵器，这样可以大大节省士兵的体力、保护士兵的生命。充足的粮食供应也是必要的，尤其是步行到很远的地方，如果粮草缺乏，走到半路就得撤退，不战而败。"小孙武将祖父讲的这些话深深地埋藏在心底，平日里和其他小朋友做游戏的时候，由于他机敏聪慧，往往担任将领的角色，小朋友们听凭他的调遣，小孙武一本正经地指挥自己的"军队"，俨然是一位足智多谋的首领，他把祖父教的和书上看到的都用到游戏中，并且思考该怎样使"士兵们"心服口服。一个傍晚，他玩着玩着，突然跑回家，正好父亲田凭在看书，小孙武牵着父亲的衣襟，问："父亲，打仗总有一方会牺牲不少士兵，这样太残忍了，如果我想打胜仗是不是总要有人流血呢？"父亲思考了片刻，说："不发动战争，而使一个国家完完整整地归顺，这要远远胜过起兵攻城。""那么怎样让国君和老百姓都心甘情愿地投降呢?"田凭说:"不是只有用兵器戳穿敌人的铠甲才叫战争,不是只有流血漂橹才叫胜利。用兵的最高策略是以谋略制胜,下一个等级是通过外交的方式取胜,最不得已的办法才是动用车马攻打都城。所以卓越的将帅靠谋略而不是交战的方法征服对方。"孙武默默地思考着,原来百战百胜并不是最理想的,不通过武力来征服敌人才是真正高明的战争啊!生活中的一点一滴为孙武日后在军事方面的卓越才能积蓄了厚重的力量。

到了十二三岁的时候,祖父更加看好这个勤思好学而关心军事的孙子,为了培养孙武的军事分析能力,田书常常和孙武讨论一些历史上的著名战役,引导孙武畅谈自己的想法,必要时还亲自去战场的旧址考察。例如,齐桓公时期发生了这样一件事,少数民族带兵十万侵犯齐

国，这样强大的兵力恐吓住了朝廷上下。在齐桓公一筹莫展之际，管仲提出灭敌对策，他说："对方的兵力的确很强大，如果我们集合全部士兵从正面与之相抗衡的话，恐怕也是以卵击石，必定会损失惨重，甚至国家易主。但是，对方离开本土、跋山涉水、千里来犯，如果我们能够切断对方的后备力量，烧毁他们的粮草，那么至多三万士兵就可以歼灭敌方了。"君臣一致同意管仲的建议，于是，齐军派大将率军一万袭击敌军后路，由于支援不足，前军官兵风餐露宿、士气不振，加上思乡心切，当两万齐军摇旗呐喊从正面与敌军交战的时候，敌军乱作一团，不堪一击，要么投降要么撤退。田书问孙武："这场战争齐军因何而胜？"孙武总结道："作战要讲求奇正结合，当敌军来犯时，在从正面迎战的同时，还要深思熟虑，尤其敌强我弱的时候，应当出奇制胜。因此，巧用计策出奇兵在战争中起着极为关键的作用。"像这样，他把对每场战争的思考——记录在竹简上并适时整理修改，有时整日思考而忘记了时间，偶有心得便高兴得手舞足蹈。日积月累，竹简占满了大半个屋子。此外，祖父田书在朝廷为官结识了许多名将，时常带着孙武拜会这些身经百战、精通军事的将领，几个人围坐在一起，畅谈时事、各抒己见，听着每场战役的精彩片段，眼前仿佛掠过刀光剑影，言辞中闪烁着智慧的火花，孙武对他们的崇拜之情油然而生。先辈们的只言片语或许能够激荡起孙武胸中千层浪，当奇思妙想划过的时刻，孙武便迅速记录下来。深厚的家族积淀和频繁的思想交锋，大大开阔了孙武的视野，一代兵家的军事思想在沃土中萌发。

三、离开故土　投奔吴国

战火依旧在燃烧，齐国各家族关系日趋紧张，如今的田家足可以与庆、高、栾、鲍四家并肩。当时，这四家对太宰晏婴的位置垂涎三尺，所以他们抓住一切可乘之机试图剥夺晏婴的权位。晏婴在位期间推行了许多发展国内农业的新政策，减轻兵役和赋税，扶弱济贫，对外采取和平的方式、尽量避免战争，放弃了攻占近邻鲁国的不少良机，同时拒绝与其他大国联手互相攻伐。这在当时看来是主动认输、削弱本国力量的表现。于是以高氏家族为首的反对势力借此编造了不少谣言，说晏婴暗地里勾结国外，想把齐国置于死地，是外国派来的奸细。当时，孙武的父亲田凭管理外交事务，也被卷入流言的漩涡，人们说田凭是晏婴的左膀右臂，有辅助晏婴窃取齐国的野心，反对者的呼声越来越高，来势凶猛。此外，高、栾与田、鲍由于争夺家丁和土地早已埋下矛盾的种子，这些不利因素使田家过得忧心忡忡，在争斗中越陷越深，加上各种谗言，齐国国君也渐渐疏远了田家。

孙武厌烦费尽心机地互相杀害，早有离开这块是非之地的念头，而当时发生的一件事坚定了他告别故乡的决心。齐国有一

位足智多谋的将领叫司马穰苴，如果细算起来，他是陈氏的一支，也算和孙武有亲缘关系。司马穰苴精通兵法，长年在外带兵打仗。在一次少数民族军队来犯时，他率军击退敌人，保卫边疆的安定，展示了国君的君威。齐景公非常高兴，在朝廷上倍加尊重他，赐给穰苴大片封地，并封他为"大司马"，可谓功高盖世。这自然就引来朝廷里其他大臣的嫉妒，大夫鲍氏、高氏对他更是恨之入骨，于是在齐景公面前说："大王您可能不知道，穰苴在外时常妄自尊大、未经大王的同意就擅自发兵，这是无视大王的表现，如果不惩治他，长此以往，您的威信将荡然无存啊！"齐景公是一个爱面子而又缺少主见的人，听大臣们这么一说，心中便觉得不快，但也没多说什么。恰巧这时，有个在穰苴军营里掌管人员编制的人（早已被鲍氏、高氏收买）禀报齐景公，说穰

苴谎报军情，私自招募士兵，上报朝廷的兵力远远少于实际人数。高氏马上说，穰苴就是打算积蓄兵力、谋求反叛篡权，如果国君不铲除祸患，君位危在旦夕啊。齐景公想，给他这么多的封赏都无济于事，这样忘恩负义的人杀了也罢，况且对自己的地位构成威胁的人，留着只能是有百害而无一利。看在穰苴功勋卓著的分上，齐景公免去他的官职，穰苴沦为一介草民，愤愤终日，郁郁而亡。穰苴曾是孙武崇拜的偶像，却遭遇了悲惨的结局，齐国世道昏暗，孙武建立一番功业的抱负根本无法实现，甚至连自家的性命都保不住，只有选择离开，才能看到希望的光芒。于是，风华正茂的孙武带着满腹智谋和理想离开了生活十八年的故土。

思量了很久，他把目光投向南方的吴国，吴国自寿梦统治以来，国力日益强盛。现在的君主是寿梦的二子即僚，由于吴王待人宽厚，广开言路，对于四方宾客

均以礼相待，各国有志之士都把吴国看
做一个施展才华的地方。来到吴国这个
新的世界，孙武举目无亲，他先找了一个
田间的小茅草屋暂时安定下来，在远离
世俗纷扰的田野，孙武终于可以静下心来
认真思考战争问题。儿时读过的兵书，
与祖父参观的战场——浮现在眼前，各
种新奇的想法在脑海中涌动，他决定将
先辈们的经验、自己对时局的看法、行军
作战的思想都系统地整理出来，成一家
之言，等待着投奔明主之日，这些思想得
以实现，成就一番事业，即使终生没有机
会，为后人留下一些东西也算不枉这一生
了。于是，每天除了耕种吃饭之外，孙武把
所有的时间都用来著书。

　　一个清晨，当他整理过
去的一些竹简时，身后出
现了一位年轻人，彬彬有
礼地向他问路，孙武转过
身去，上下打量了一下来者，这个

高大的年轻人衣衫已经十分破旧，不经意间露出疲乏的神情。见他谈吐不凡、却也不是本地人，再加上年龄相仿，孙武便不由得产生了同是天涯沦落人的感觉。他把年轻人请到屋子里，端上一碗水，年轻人看孙武也是读书人，待人热情，也就自然地坐下攀谈起来。原来两个人有着相似的经历，这个年轻人叫伍子胥，是从楚国来的，伍家在楚国也算得上是大族，由于楚国国君昏庸无能，听信佞臣谗言，伍子胥的父亲和哥哥遭车裂，一家上上下下几百口人被斩尽，只留得几个活口逃出楚国。孙武听后，也讲述了自家的不幸，二人颇有相见恨晚之意。伍子胥刚来吴国，也没有什么去处，于是便留在孙武的住处，日子长了接触多了，伍子胥告诉孙武自己来吴国的目的就是为了替

家人报仇，帮助吴王兴兵讨伐楚国。孙武给他仔细分析了吴国在兵力、武器等方面的优势和劣势，伍子胥非常欣赏这位兵家后代，心想如果孙武能加入自己的复仇大业，复仇之事一定会顺利完成。

　　两个年轻人有着共同的爱好，都对兵法有研究，他们常常谈论军事。一天傍晚，两个人在屋外乘凉，由眼前的小院子、远处的小山，谈到战争的地形，孙武说：“地形是用兵的必备条件，作为将领，应该深入分析掌握敌情，考察地形险恶、熟悉附近道路，像回自己家一样，闭上眼睛都走不错，这是非常关键的。”伍子胥思索片刻说道：“作战讲求天时、地利，开战前，如果没有占据有利地势，就相当于已经失败一半了，很难扭转战局啊！”孙武捡了一个树枝在土地上迅速画出几道沟沟坎坎和一些交错相通的线条，然后指着说：“这个问题我想过很久，结合历史上的诸多战役，地形大

致可以划分为通、挂、支、隘、险、远六种。根据每种不同的地形，采取不同的对策。"他凝视着地上的一条直线，"所谓'通'是指我方可以过去，对方可以顺利过来的地形，要在这种地形中取胜，就要首先占领地势高而且向阳的地方，这样才能保持运送粮食的道路畅通无阻，保障后方充足的供给；那种去的时候容易，返回困难的地形叫做'挂'，在这样的地区，如果对方没有任何防备，我方就要主动出击战胜它，如果对方防备完善，那么我方千万不可以轻举妄动，一旦出兵就难以撤退了；凡是我方出击不

利，对方出击也不利的地形叫做'支'，
如果遇到这样的地形，即使对方用各种
利益来诱使我军出战，也一定不要出击，
最好的方法是我军假装撤退，等到对方
出兵追击时，我方突然发起进攻，使对方
陷入困境。"接着孙武将树枝折成两段，
平行摆好，"遇上两山之间狭窄的通道，
我方就要积极占据有利地形，如果对方
已经派重兵把守，戒备森严，那么我方就
不要强攻了；遇到形势险要的地方，我军
要先占领，如果被对方抢先一步，那就
主动撤退，千万不要强攻；如果敌我双方
相距很远，力量相当，难分高下，就尽量
避免战争。"听过这番话，伍子胥极为佩
服，虽然孙武年轻，但他博学多才，胸中

仿佛装满天地日月，像是一位指挥过无数战役、胸有成竹的老将，世间竟有这样的奇才，伍子胥生平第一次遇到，他深信孙武必有一日出人头地、成为一代兵家。像这样，每每话到投机之处，不知日出日落了多少次。孙武将自己已经写好的一部分竹简拿出来给伍子胥看，并请他提出建议，伍子胥反复地品读，两个人共同修改，久而久之，感情更加深厚，成为莫逆之交。伍子胥复仇心切，日夜筹划着伐

楚，最后打算毛遂自荐，早日进入吴王宫廷，于是，他先告别了孙武。

吴王宫中此时活跃着一股夺权的力量，这就是吴公子光。他是一个胸怀大志、爱民如子、待人宽厚、勤于政务、有勇有谋的年轻公子，远近诸侯都知道吴国有位仁义的公子，他的身边聚集着不少足智多谋的文臣武将。当时楚国国君诛杀本国忠厚的大臣伯州犁，伯州犁的孙子伯嚭无奈之下离开故土、投奔吴国。吴公子光得知此事后，知道伯嚭出于名臣之家，是位难得的人才，于是派人将伯嚭迎接到宫里，设宴款待，封为大夫。伍子胥了解情况后，反复斟酌，认定吴公子光将是吴国的主人。虽然吴公子光谋划很久，但是一直找不到合适的理由废掉吴王僚，只能苦苦地等待。伍子胥抓住时机，请求觐见说是有十足的把握解公子心头之忧，他推荐刺客专诸替吴公子光杀掉吴王僚，这样既能帮助吴公子光快

速登上王位，又不损毁公子的名声，可谓
两全其美。吴公子光认为这不失为一个
良策，于是恭敬地邀请这位客人留下来
共饮几杯，席间伍子胥还细细讲述了自
己对时局的看法，以及振兴吴国的政策、
作战的谋略等等。吴公子光被他的才智
征服，相信这是一位自己思慕多年的"千
里马"。最后，吴公子光采纳了伍子胥的
计谋，于公元前515年，大摆筵席邀请吴
王僚，专诸将匕首藏到鱼腹中，趁吴王僚

不备拔出匕首刺死吴王，专诸也
当场被卫士杀死。就这样吴公
子光借专诸之手扫除障
碍，自立为王，他就是历
史上有名的吴王阖闾。

阖闾登上王位之后，施恩于
民，不计前嫌，朝廷原来的官员
但凡有能力者继续留用，并以
重金招纳各国贤士，伍子胥被授予官职，
行走于阖闾左右，为吴王出谋划策。他提
出要使吴国强盛必须先加固城墙等防御
设施、守备人员要加强防范，和平是百姓
安居的第一层保障，在经济方面，推广
新农具，增加粮食产量，囤积粮草以备不
时之需，制造先进的兵器，训练一支高素
质的军队等。经过三年的改革，百姓生活
富足，国库充盈，吴国呈现出一片繁荣景
象。

　　在南方，吴国的邻居楚国、越国也在
不断地壮大自己。吴王阖闾一面加强防

守，另一面时时刻刻担心着楚、越来犯，所以，只有吞并楚、越才能控制整个南方，享有楚地秀美山河、丰饶物资。于是，阖闾召见伍子胥、伯嚭等大臣，共同商议讨伐楚国的计策。可是楚国地域广阔、兵多将广，加上吴都距离楚国郢都路途遥远，需要艰难地跋涉，如果没有精细的战前策划、充足的后方支援是无法实现的，这些都需要一位精通兵法的军事家作出整体布局，举国上下无一人敢站出来承担此任，吴王苦苦求索而不得。伍子胥思考了多日，想起孙武不就是最好的人选吗，于是进宫拜见吴王，说："虽然臣无力承担这一重任，但臣可以推荐一人，此人足以率吴军攻陷郢都。"吴王不相信世界上还有比伍子胥更加睿智的军事家，却又不为他人所知，起初拒绝接见。伍子胥反复劝说吴王，并且把孙武的身世和他们之间的谈话告诉吴王，吴王像听故事一样，他问："既然你说得这么神奇，那么这个人现在何处？"伍子胥告诉吴王："此人就在我国境内，他隐居在郊外的一个小茅草屋，大王您不妨见一见。"吴王半信半疑地问道："这一战我准备了很久，如果伐楚失败，我国将一蹶不振啊！甚至面临着国破的危险，你推荐的这个人从未指挥过战争，我又怎能放心地将全国百姓的命运交付到他的手上呢？"伍子胥充满信心地说："大王，您目前并没有更好的指挥人选，可以见见孙武再决定是否用他也不迟，而且他自己花费很大精力和时间写作了一本兵书，这本书是臣见过最为精彩的，大王您也可以借此机会看一看。"吴王觉得伍子胥的建议有几分道理，终于答应接见孙武。

四、献书谈兵　得到赏识

伍子胥欣喜不已，当晚就收拾行装，带了一个家丁，找到孙武的住所。老朋友阔别三年，再次相见，自然是激动得连话都说不出来，孙武先开口，问："伍兄在朝辅佐吴王，吴王为老百姓做了不少实事，现如今国家日益兴旺，其中必有伍兄的功劳，今日伍兄来我这里，不知……"伍子胥拍着孙武的肩膀兴奋地说："贤弟，是好事，你不是一直有建功立业、将

兵书流传于世的想法吗？现在就有机会了！"孙武不解地看着他，伍子胥接着说："现在的吴王治国有方，虽然朝中官员不少，但是像贤弟这样的能人几乎没有，我把贤弟推荐给了吴王，吴王求贤若渴、希望早日接见贤弟，共同商讨国家大事。"孙武说："伍兄容我想一想，三天后给你答复，怎么样？"伍子胥担心孙武改变主意，不如趁热打铁，马上请他出山，说："贤弟怎么又开始犹豫了，这不是你梦寐以求的吗？你我都是有鸿鹄之志的人，贤弟当年不远万里来到吴国，不就是希望在此地实现抱负吗？而且，我已经辅

佐吴王三年，对他十分了解，他确实是一位能成就霸业的国君，难道贤弟连我的话都信不过吗？"孙武仔细想想，这个机会确实是自己等了很久的，但是突然出现在眼前又顾虑起来，他对伍子胥说："进宫辅佐吴王成就霸业，我可以做，但锦衣玉食、高官厚禄并不是我想要的，我出山的目的就是想实践所写兵书、减少流血，以谋略代替伤亡。如果有朝一日吴王杀伐成性、陷入战争难以自拔，那么我将隐退……"伍子胥再三恳求："我明白贤弟不是沽名钓誉之徒，贤弟放心，吴王也绝不是骄奢淫逸之君，我答应贤弟的条

件，就请贤弟安心和我进宫吧。我们兄弟
二人又可以促膝相谈，完成共同的事业
了。"孙武见伍子胥一片诚意，也不好再
拖延，于是第二日清晨，两个人便踏上了
进宫之路。

临近傍晚，快到吴都门口了，隐约看
到一架马车和十几个衣冠整齐的侍者迎

面而来，走到近处，一个侍者先向伍子胥施礼，然后恭敬地说："吴王派我们在都城门口恭候您多时了，想必这一位就是孙先生吧。"孙武点点头，答道："鄙人正是。"侍者又施礼，说："孙先生一路辛苦了，吴王请二位先进宫休息，明日设宴接见孙先生。"孙武暗暗地想，吴王果然是位识礼之君。

第二日正午，伍子胥领着孙武到宫殿拜见吴王，鼓乐之声早已传入耳中，两队侍从井然有序地排开。吴王听到随从禀报，站起来走下台阶，孙武身体微微

前倾，小步匆匆，见吴王走过来，急忙还礼，道："孙武只是一介草民，没有什么本事，蒙大王礼遇，不胜感激。"吴王阖闾端详了一下孙武，中等身材、一身素色布衣，但眉宇之间充满轩昂之气，于是阖闾想进一步试探这位年轻人。几番敬酒后，吴王若有所思地说："现如今，天下不宁，身为吴国之君，虽有享不尽的荣华，但一想到中原许多百姓还在遭受战争的

不幸,生灵涂炭,我就食不知味,夜夜辗转反侧、苦苦思量,想求得贤明之士,听取高见,救百姓于水火,一同治理好国家。所以,请先生来共谋大业。"孙武起身,道:"吴王待百姓如父母,能为明主出力是我的荣幸。但恐怕才学浅薄,难以胜任如此重任……"吴王说:"先生自谦了,听说先生写成了一部兵书,可否一看呢?"孙武答应了,立刻献上兵书,宴席后,吴王回寝宫聚精会神地读起来。

孙武在伍子胥的住所一连呆了四五天,宫中没有传来任何消息,他想到了许许多多可能发生的事情,不免有些担心。

一天，伍子胥下朝回家，欣喜地告诉孙武说吴王要召见他，孙武整理好衣装，迅速进宫，只见宫殿里还有数十位须发斑白的老者跪坐在吴王的两侧，孙武行礼之后，吴王说："今日请先生进宫，是想借此机会切磋一下兵法，这些是我朝的几元老将，身经百战、功劳显赫。孙先生来自齐国，我们正好可以听听吴国外的用兵之法。"孙武环顾四周，眼前的阵势，很显然，吴王是要来考验自己。吴王先对身边最近的一位老者说："大将军，您南征北战为吴国打江山，经验丰富。您先讲讲，如果深入敌国作战，要遵循什么原则呢？"老将军慢条斯理地说："在我看来，率军深入敌国，远离故土，士气大振、军心统一是极为重要的，要注意休养士兵、安抚好他们的家属，使将士没有后顾之忧，安心训练。千万不要率疲敝之众与敌军搏斗，士兵只有积蓄足够的力量才能斗志昂扬。再有，要合理用兵，尽量减少士兵伤亡。"吴王点点头，又转向孙武，问："孙先生又有什么高见呢？"孙武连忙起身，说："我想，士兵遭遇无路可走的境地也可以激起他们作战的勇气，当士兵走

投无路、陷入绝境的时候，就什么都不怕了，如果只有死路一条，拼出性命作战或许还有一线生的希望，这样的军队往往展示出意想不到的战斗力，没有任何要求就能竭尽全力完成任务，不需要任何军规就能互相帮助、团结一致。当然这样的事情不应该屡屡发生。平日里整顿军队也是十分必要的，军队里要严格禁止谣言、迷信的传播，稳定军心。

善于用兵的人，能够使强弱各尽气力，全军上下齐心协力，指挥上万士兵就像管理一个人一样容易。""能不能详细说说，我想知道您如何鼓舞士气？"一个声音打断了孙武的话，孙武答道："如果我军被敌人重重围困，就应该加固防守，暗示对方我们是有所准备的，将领首先要保持镇定。然后通告全军眼下的形势，我军已经无路可退，然后把战车烧了、杀掉战马，给士兵吃饱饭，销毁做饭的炊具，断绝士兵生还的念头，将战刀的锋刃磨得格外锐利，全军齐呼，敌人听到后必定锐气大挫。当两军交战的时候，我方士兵定然勇猛顽强、以一当十。所以，处于困境而不动脑筋想办法的将领会使军队陷入绝境，处于绝境还不敢拼死一战的军队必然会被歼灭。"吴王听了，也觉得很有道理，又问："假使我方包围了敌军，又该怎么办呢？"孙武说："如果敌军被围困在狭隘的山谷，难以逃生，那么我军应该给他们让出一条小路，敌军求生心切，看到出路一定会丧失斗志，想尽办法逃跑，此时我军半路出兵，必将大胜。"孙武言辞沉着，反应灵活，神情

泰然。

在座诸位投来赞赏的目光，他们细细打量这位来自齐国的年轻人。又一位精神矍铄的老者问道："眼下晋国的六位大将分别守卫不同的地方，年轻人，在你看来哪一个能成大事？"孙武果断地答道："范家、中行家先灭亡，智、魏、韩三家在后面，最后的胜者当是赵氏。"在座的数位马上追问："你是怎样知道的？"孙武说："我祖父驰骋疆场多年，父亲也

经常出使外国,晋国的形势我还是比较了解的。范家和中行家田地很小,养的官吏非常多,农民的劳动成果大部分都上交官府了,而自己剩下的连一年都不够吃。而这两家的主人都好大喜功,爱炫耀自己的实力,常常侵袭周边,损耗大量物力、财力,早就失去了民心。智、魏两家和他们相似,而韩家恰恰相反,官府不征收赋税,百姓生活富足,但官府没有财力加强防御。赵氏各种制度完备,既给百姓休养的机会、衣食无忧,又收取适当的赋税,官府投入钱财制造兵器、供养智谋之士。所以,赵氏有足够的实力占有晋国。"听了一番议论,在座的老将无不点头,这样远见卓识的话语哪像是出自一个年轻人之口。

吴王阖闾微微一笑,心中早已有数。他对孙武说:"先生的十三篇兵书我已经仔细看过了,确实非常精妙,但不知是否适合我国的军队。"孙武答道:"大

王，这十三篇是我根据实际战争和前辈的兵书总结出来的，并没有固定的战场、固定的士兵。根据不同的情况，将领当采取灵活多变的策略。"吴王问："既然这样，今天您可以当面为我演示一下怎样指挥军队吗？"孙武立刻就答应了。阖闾看看周围，又问："军营离宫殿还有一段距离，调遣大批士兵过来不太方便，先生可以用我身边的侍女来试一试吗？"孙武答道："当然可以。"群臣好奇地等待着。于是吴王从宫中选出一百八十个美女供孙武使用。孙武将这些侍女带领到宫殿门外宽阔的操练场上，分为两队，任命吴王两个受宠的妃子为队长，并且命令所

有人都拿着戟。吴王坐在露天的高台上静静地观看。孙武很严肃地对侍女们说："你们知道自己的心、后背和左右手在什么位置吗？"妇人们异口同声地回答知道。接着孙武宣布规则："大家听我的命令，当我说向前时，大家就低头看自己心的位置；我说左，大家就向你们的左手方向看；我说右，大家就向你们的右手方向看；我说后，大家就转头向你们的后背方向看。听明白了吗？"妇人们互相看看，点点头。军令制定好了，孙武按照先前说好的规则反复操练了几遍，使大家都熟悉规则。第一次正式的演示开始了，当孙武击鼓命令大家，发出向右的口号时，侍女

们哄然大笑，有的向左转，有的向右转，有的原地不动，笑得前仰后合，乱作一团，她们从来没有玩过这么有意思的游戏，感到十分新奇。孙武平静地说："军令不明确或者士兵对军令不够熟悉，这都是将领的过失。"于是又耐心地反复讲明规则，并且击鼓让大家练习了好几回。第二次演示开始了，孙武命令大家向左，结果和第一次一样，侍女们又是嘻嘻哈哈，孙武目光如剑，大声宣布："军令不明确或者士兵对军令不够熟悉，是将领的过失。但是，军令已经再三说明并且练习过了，如果士兵不能够遵从军令，那就是士兵的过错。"于是下令将两个队长斩首。这个时候，坐在台上观看演练的吴王看到要杀两个宠姬，大惊失色，马上派随从告诉孙武："我已经知道将军您善于用兵了，希望您不要杀她们。"孙武回答道："臣已经接受君命，身为一个军队的将领,俗话说将在外君命有所不受。"话音刚落,就命令卫士将这两个宠姬押到刽子手面前,刀起头落,众人心惊肉跳、目瞪口呆,周围一片沉寂。然后,孙武回到队伍前,又重新任命了两个新的队长,说:"你们现在就是士兵,要服从命令,听从指挥,军法如山,如果再明知故犯,后果大家已经有目共睹了。"孙武像前两次那样击鼓下令,侍女们个个集中注意力、迅速站得笔直,排成方阵,不敢发出一点儿声音。此时,孙武命令随从报告吴王:"军队已经治理好了,大王可以下来亲自看看,只要大王一声令下,这些士兵即使赴汤蹈火也心甘情愿。"吴王因痛失宠姬而伤心地说:"先生今天就演示到这里吧,我就不下去看了。"孙武进一步说:"看来大王您只喜欢兵书上的言语,在实际中并不能运用啊!"伍子胥见到这种状况,马上打断了孙武的话,禀告吴王:"大王,

您今天观战辛苦，我们先告退了。"就这样，大家默默地退出。回到寝宫，吴王阖闾想念宠姬、夜不能寐，他生平第一次遇到这样违背旨意的人，但他也深深地明白了孙武是真正的会指挥军队、率军作战的人，只有这样的人才能完成伐楚大业。吴王休养了几日，虽然失去了两个宠姬，但换来一位举世无双的军事家，心中的结慢慢化解开了。吴王欣赏孙武的才能，决定留下他，委以重任。

那晚回府后，伍子胥紧张而气愤地对孙武说："那可是吴王的宠姬，你也敢杀，而且当着众位大臣一点儿都不给吴王留情面，今天你保住性命那是吴王仁慈至极，如果在以往早就遭车裂，说不定还得灭九族。"孙武坚信自己的原则，说："如果吴王听从我的计谋，应用到战场上一定能够获得胜利；如果不采纳，作战恐怕会吃败仗，我离开吴国就行了。"这几天，伍子胥替孙武紧紧捏着一把汗，整日惴惴不安，突然宫中侍从来报，封孙武为大夫，赏赐府第、车马。在众人看来，这简直是不可思议。看来吴王接受了孙武，伍子胥心中的石头终于落地了。

孙武收到赏赐后，赶忙进宫去谢恩。吴王让周围的侍从都下去，很随意地和孙武攀谈起来，对于斩宠姬的事情只字未提。吴王对孙武说："我欲攻打楚国已经很久了，但事关重大，不敢轻举妄动。吴国上下也没有合适的带兵人选，先生的到来告诉我出战的时机已经成熟，希望先生助我完成统一大业。"坦诚的言辞拉近了君臣间的距离，孙武也就直截了当地说："既然大王待我如知己，那么我将尽全力辅佐您。战争对于一个国家来说是一件大事，不仅仅是军事实力的较量，更是经济、政治等综合实力的比拼，所以要万般谨慎。在我看来，吴国现在还不具备

伐楚的条件。"吴王不解，孙武说："在作
战前一定要对战争胜负做好周密的分析，
不打无准备之战。将领的智谋才能只是
取胜的一方面，除此之外，还要考虑如下
一些问题：首先，举国上下要团结一心，让
百姓明白大王伐楚是正义之战、而不是
穷兵黩武，这样百姓就会心甘情愿为大
王效劳，不畏艰险；其次，要掌握天气变
化，严寒酷暑不宜长途跋涉，根据风向、
阴晴、昼夜的不同，应当采取不同的战
术，不可违背自然规律，要熟悉地形，哪
些易于进攻，哪些利于车战，哪些地方必
须守住，哪些地方可以暂时放弃；再次，
军队各类人员安排要合理，法令法规明

确，军纪严明，后备物资供应充足等等。这些不是一朝一夕就能准备好的。"吴王频频点头，虚心听取孙武的建议，在以后的日常生活中，吴王吃饭不讲求多样，衣服简单不繁琐，居室不劳烦工匠建筑高台，生活器物不雕刻花纹，出行的马车不加装饰，各种花费都降到最低，绝不浪费。伍子胥、孙武联手商讨改革大计，惩治大盗、违犯法令的人，学习国外先进的耕作方式增加粮食产量。遇到旱灾水灾，孙武亲自到灾区安抚百姓，减免赋税和兵役，将仓库里的粮食发放给灾民，鳏寡孤独废疾者皆有所养。此外，还专门派人教百姓种桑养蚕、大批喂养牲畜，发展手工业、鼓励商品交换，加强与国外的交流往来，奖励生育能力强的人家，免除他们的赋税，训练水军、陆军。吴王走进军营，与士兵同吃一锅饭，同睡一张席，问寒问暖，士兵安心操练。吴国上下充满勃勃生机，战争的序幕渐渐拉开。

五、助吴伐楚　成就霸业

　　孙武第一次真正指挥战争的机会来
了，那是他为将不久，正在积极认真地训
练士兵的时候，吴王阖闾来到军营听取
孙武汇报情况，也正要与孙武商量出兵
讨伐掩余和烛庸二人的事情。当年阖闾
在即位之前，吴国王室的两个公子掩余
和烛庸恰好分别出使周边的徐国和钟吾
国，他们是吴王僚的同母弟弟。阖闾担心
他们谋反，所以私下里命令徐国和钟吾

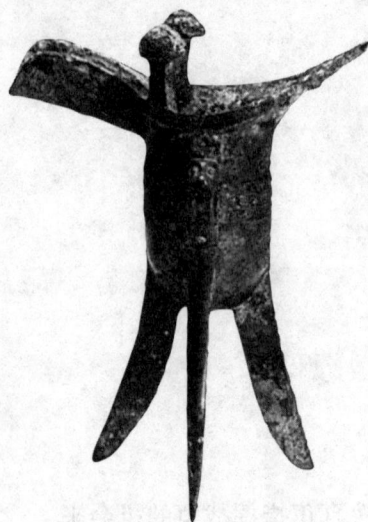

国捉拿他们送回国，两个人知道国内发生动乱后，明白回去必将性命难保，所以迅速乔装打扮，逃脱追兵的搜查，投奔到楚国。阖闾大怒，羁押了钟吾国君，又出兵讨伐徐国，堵塞山的出口，放水淹了该地，消灭了徐国。徐国的国君也逃到楚国。当时，吴、楚是南方大国，为争夺土地，都虎视眈眈、伺机控制对方。得知吴国两位公子来投奔，楚王热情欢迎，让他们安顿下来，并且把养城封给他们，替他们修筑防护的城墙。很显然，楚国是想借掩余和烛庸二人对阖闾的仇恨之心来报复吴国，通过替掩余和烛庸养兵，一点点扩大他们的军事实力，准备有朝一日打回去，削弱吴国，在两败俱伤的情况下，楚国可以凭借强大的兵力击垮残兵，吞并吴国。当然，楚国在打什么算盘，吴王阖闾心里也很明白，只有除掉掩余和烛庸，才能保住自己的政权，去除后顾之忧。

在出兵之前，孙武画好地形图，召

集众将认真分析了对方城池及兵力等状况。孙武认为，这一战涉及到楚国的利益，但是目前吴国实力还不足以迎战楚国，所以尽量不惹怒楚军，避开与其正面的冲突。主要消灭掩余和烛庸的势力，还可以趁此机会除掉淮水北岸的楚军，削弱楚国郊外的势力，为日后消灭楚国扫清道路。

因此，孙武向吴王阖闾提出了"肆楚疲楚、攻克养城"的战略方针。在作战过程中，伍子胥提出建议，吴军不在本土作战，如果全军持续作战将不利于将士休养，所以从吴军中抽出三个军的兵力，对养城及楚军边界轮流袭击。第一军袭击养城，敌方全军严阵以待，出城应战，这时，吴军马上撤退。像这样引出敌军又退回去很多次，敌方将士起初精神振奋，但到后来以为又是虚惊一场，所以一次比一次士气下降。出兵几次后，将士疲惫

不堪，无心作战。此时，吴国三军同时发起进攻，攻克养城。活捉掩余和烛庸，吴国士兵个个喜形于色。

第二年，吴国开始试探楚国兵力虚实，所以先筹划攻打夷地。在强攻不克的情况下，吴军便调转军队，南下渡过淮水，直接向潜、六二地进发。当楚军的援兵赶到支援时，吴军便撤退待命，不与楚军正面冲突。楚军担心吴军假装撤走，或夜间来犯，所以将部队驻扎在附近，以待在此出兵保护潜地。当楚国部队还在坐守空城时，孙武秘密调动他的第二军人马沿着淮水前行，疾行数百里围攻楚国战略要地弦邑。当楚军即将赶到弦邑时，孙武见已成功调动了敌人，就立刻命令部队撤退。由于吴军的两支部队成功地调动了楚军，掌握了战争的主动权，楚军将士被左右牵制、不知所措、精疲力竭。

虽然是第一次带兵，但在战场上孙武已经显示出卓越的军事指挥才能。他避开与敌军正面交锋，用灵活的方式寻求有利战机，攻击敌人防备虚弱的地方，出师大捷，全军上下对他莫不佩服，这场战斗的胜利确立了孙武在吴军的军事领导地位。

吴王阖闾对孙武等将士大加褒奖，高兴之余，打算乘胜进入楚地，攻打楚都郢城。孙武和伍子胥一致认为不妥，孙武说："我军虽然获得胜利，但是刚打完这一仗士兵身体疲倦，而且大家心里都明白，楚国毕竟是一个大国，一次小小的失败并没有损伤元气，再说楚国背后还有不少同盟国，以我们的疲敝之兵对付强大的联军，就像是以卵击石啊！"吴王想了想，觉得孙武的分析有道理，便接受了规劝，答应暂时安抚士兵，整顿军备。

经过几年的力量积蓄，吴国在一步步兼并楚国边境的小地区。这时，孙武、伍子胥等大臣见时机成熟，开始与吴王阖闾一起商讨大举进攻楚国的计划。孙武认为吴国如果想直接逼近楚国中心，当前最大的障碍就是大别山以东江淮之间的豫章地区，该地还在楚国的控制之下，因而决定先打下豫章。在豫章地区附近，还存在一些独立的小诸侯国。如果发动兵力依次灭掉这些小国家，必然会伤害吴军实力，如果施展计谋使这些小国间发生争斗互相削弱，则可以大大节省兵力，所以孙武避开兵力讨伐，而通过外交手段作战。首先找到对方的矛盾，他发现这些国家每年都要向楚国交纳大量的赋税，才能获得暂时的保护，实质上就是对楚国俯首称臣。孙武利用这些小国对楚国的不满，离间他们。策动桐国背叛了楚国，同时答应无条件地保护舒鸠氏并且分给他一小块土地，说服他帮助吴国引诱楚军出战。舒鸠氏被眼前的利益征服，于是，他听从了孙武的安排，跑到楚国对楚令尹囊瓦说："楚军实力强大，吴国人很惧怕楚国，他们明白若是将军率军围攻吴国都城，吴国根本不是您的对手，所以吴军甘愿为楚国效劳，代您讨伐叛臣桐国，收复失地。"囊瓦是个骄傲自大的人，一听这些奉承的话便大喜，于是当年秋天率领楚军向东进发，在豫章驻扎大批军队，观望吴军"伐桐"的行动。孙武见楚军已经中了圈套，便摆出一副替楚国讨伐桐国的阵势，把吴国的多艘战船停靠在豫章南部的江面上。与此同时，孙武暗中调遣吴军大批部队集中到豫章地区中段的巢城附近，等待有利战机。然而，楚军驻扎在豫章已经很久了，却不见吴国战船有任何动静，毫无攻打桐国的

迹象。久而久之，楚国士兵无所事事、变得散漫、战斗力下降，粮草也供应困难，楚军将领看到这种情况，权衡之下觉得不如打道回都。就在楚军打算撤兵之际，吴国战船突然进抵豫章，步兵也从后方赶来，摇旗呐喊，将楚军包围，只留一条小路，对楚军发起了猛攻。楚军此时哪有拼命的士气，将帅的指挥贯彻无力，士兵丢掉兵器，仓皇向小路逃跑，而吴军另一批部队早已经在这里等待很久了，见逃兵出现立刻冲出来歼灭楚军，大获全胜。

率领军队回去的路上，孙武见楚国的巢城防守松懈，而此时吴军士气高涨，便趁机指挥吴军一举攻克了巢城，活捉了楚国巢大夫子繁。这一次，孙武采用"诱骗敌军、攻其不备、出其不意"的策略赢得了战争的主动权，以计谋胜出，而吴军的损伤是历来最少的。吴军在孙武的指挥下，帮助吴王打通了入楚的通道，为下一步直逼郢都铺平了道路。豫章之战后，

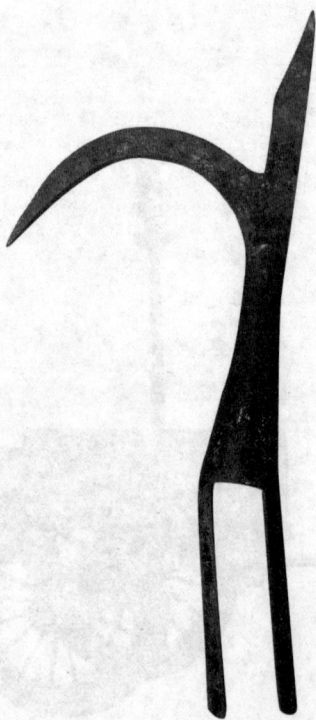

吴国占领了原属于楚的大片土地，举国将士、百姓信心十足。吴王阖闾见此情形，召集文武百官，问道："众位爱卿，今日我国繁荣形势是历史上罕有的，此时攻打楚国郢都，诸位以为如何？"大家商议了一番，多数认为此时是最佳时机。伐楚关系重大，于是，君臣共同制定了周密的讨伐计划，不敢有一丝疏漏。如果硬拼，即使吴军占领楚国也会遍体鳞伤，很有可能给北方强国以可乘之机，所以怎样能以最小的代价换取胜利是关键。孙武找到了伐楚的突破口，他说："作战不仅仅国内要同心协力，还要尽可能调动外部力量。楚国有个将帅叫子常，此人见利忘义，贪得无厌，而距离郢都不远的蔡、唐两个国家多年以来备受子常的盘剥，当地百姓都对他痛恨不已。大王您如果想讨伐楚国，蔡、唐这两个小国家可以成为我们的盟国。"伍子胥支持孙武的看法，他说："蔡、唐离郢都比我们近，对郢都

附近的地形、经济等状况比我们熟悉得多。这将为我们节省很多实地考察的时间。"吴王采纳了他们的意见。孙武收集了大量地图，并派密探潜入楚国内部了解楚国军事实情，获得可靠情报，与参与过吴楚之战的将领商议进攻路线，在深入研究了吴、楚之间的地形之后，勾勒出千里破楚的进军路线。吴王和诸位大臣纷纷表示赞同。

公元前506年，浩浩荡荡的吴国大军从都城出发，乘着战船沿淮河上行，途经黄邑、弦邑，然后下船徒步前进，自章豫地区西北边湍地段南下。吴军的这些行动楚军毫不知晓，直到兵临汉水时，才有人来报，楚将子常和左司马沈尹戍立刻调遣军队布阵防御，与吴军在汉水形成对峙的局面。孙武早已在子常周围安插好了几位密探，其中一位假装从吴军逃出，禀报子常道："早闻将军宽厚，小人在吴王军中服役多年，忠心耿耿，却遭人陷

害, 身受酷刑, 实在难以忍受才逃出来。吴王是个昏聩而没有主见的人, 只会听孙武的胡言乱语。"子常对这些话当然是持怀疑态度, 问道: "那么你打算怎样证明你的忠心呢?"这时来者从衣袖中拿出一张折了好几层的丝帛, "将军, 小人知道只凭借只言片语难以证明我的诚心, 这是我从吴军中偷出的战略路线图, 希望能对您取胜有所帮助。"随后, 他打开图给子常分析吴军的军阵部署, 子常害怕其中有诈, 所以暗暗派人到吴军考察, 回来的士兵报告与来者所献图完全一致, 子常也就取消了戒心。原来这一切都是孙武预先安排好的, 他故意用假图骗取子常的信任, 又花重金买通子常派去的士兵, 导致子常对战事作出错误判断, 连连中计, 经过三次交战, 楚军大败, 失掉汉水, 向后撤退。

吴军渡过汉水, 接着, 孙武派吴王阖闾的弟弟夫概率领五千人, 击溃楚国派来

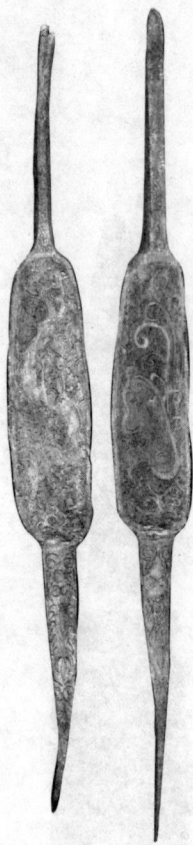

支援子常的一支最为强劲的步兵，显示出吴军势如破竹、志在必得的信心。这时候，楚军上下军心动摇，产生畏惧之心，纷纷逃散。吴军马上出兵追击敌军，直到清发水，夫概按照孙武的嘱托，等到楚军一半人渡过河时再攻打，楚军一片混乱，狼狈而逃，吴军穷追不舍。当楚军士兵在逃跑路上停下来，准备好粮食，烧火做饭的时候，吴军再次发起攻势，楚军将士只有丢掉食物，饿着肚子逃跑，剩下还没动过的粮食统统归入吴军的口袋。孙武安排吴军这样做，是考虑到将士们在异地作战，粮食供给是最为关键的，只有从楚军本土获得粮草，才能保证持续作战，并且减轻从国内运送粮草的负担。经过十几天的不懈追击，楚军已经完全丧失了防御能力，而此时的吴军愈战愈勇，三万大军会合于郢都城门外，准备攻城。楚国朝中一片大乱，有人主张拼死一搏，有人主张暂时投降以待来日重整旗鼓，收复家园。楚昭王情急之下不知该作何决定，最后命令众将士奋力抵抗到底，担心一旦城门失守自己将命丧敌军之手，于是暗暗令身边的重臣慌忙收拾行装，带着妻儿乘马车从后门逃出城。楚军动用滚石、弓箭投向城下吴军，如暴雨从天而降，吴军冲在最前方的士兵死伤无数。孙武见势不妙，命令立刻停止进攻，而派人进城说服楚王投降，并且昭告城上将士若开门投降可免去一死，不追究任何人的罪责，而且得到丰厚的封赏。此时楚军才发现楚昭王已经不见人影，留下这些臣民替他拼命，于是将士们无心再战斗下去，此时城池易主对于他们来说已经无关紧要，只要能够有条活路就足够了，况且还有封赏，何乐而不为。于是，将士们打开城门，吴军一举攻破郢都，完成了伐楚大业，盛极一时。进城后，孙武一一兑现了攻城时许诺的事情，并且颁布法令，不许吴军劫掠郢都百姓的家财，有违反者斩

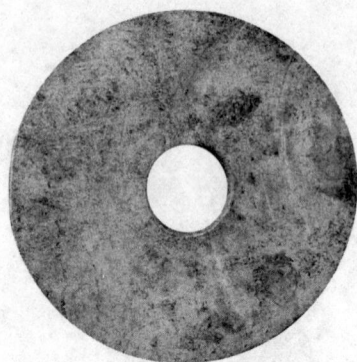

首示众，士兵们个个听从命令，不敢有任何狂妄的举动。孙武派几位将领到各地安抚百姓，帮助当地百姓恢复生产，稳定民心。楚地百姓的脸上又出现了昔日的笑容。在这次大战中，孙武指挥得当，以三万精兵击溃楚军二十万雄师，名声远扬。

当吴楚激战之际，位于吴国南部的邻居越国看到吴国国内空虚，虽然当年吴越订立过盟约，互不攻伐，但是这样的机会是十分难得的，所以举兵攻打吴国。吴国由于防御不足，损兵折将，都城内狼藉一片，越国占据了周边的一些土地。当吴军凯旋时，见此情形，吴王阖闾痛下决心横扫越国。孙武力劝吴王要三思而后

行："我军已经攻破郢都，实现了大王的夙愿。目前，将士们最需要的就是休养，国内百姓刚刚受过越国的劫掠，安定生活被打破，国内的状况不容乐观，我们现在最需要做的是安抚百姓、整顿国内，等到恢复之后再报仇不迟，请您斟酌。"吴王此时也精神疲惫，于是让出征的将士回家休养，封赏有功者。参与伐楚的将士按照功劳的大小都得到了应有的封地和官爵，朝廷上下一片喜悦。而此时，人们才发现，自始至终指挥这场战役的孙将军默默地回到自己的府第，拒绝了高官封赐，大家心里都明白他才是最大的功臣。伍子胥亲自到他的府上，不解地问道："贤弟为什么拒绝了封赏，这次攻打郢都，若不是贤弟指挥有方，是不可能取得这么大的胜利的。"孙武笑着摇摇头，说："伍兄你忘了我当时进宫时的许诺了吗？只要我的兵法运用于世，我就满足了，这

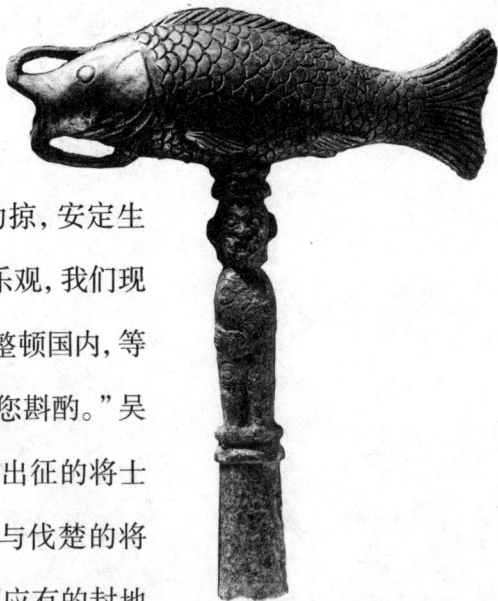

远远胜于万贯家财。而且，此战大捷，若不是我朝君臣共同筹划周密，将士奋不顾身拼死杀敌，仅仅凭我自己，是做不到的。"伍子胥见此，心中也明白了孙武是绝对不会接受的，所以也就不好再多说什么。

至此，吴国控制了强大的楚国，越国也不敢轻举妄动，在孙武的帮助下，吴王登上南方霸主的宝座。

六、隐居山林　扬名后世

　　自伐楚成功后，吴国上下张灯结彩、沉浸在欢乐之中，宫殿里也是日日笙歌、庆功宴不断。吴王阖闾笑逐颜开，宣布大赦令，要与民同乐，还时常接受其他小国的朝拜、进献的各种奇珍异宝。当春光明媚之日，便泛舟江边，召来昔日楚国的舞女陪伴左右，欣赏吴越大好山川，勤政节俭的祖训早已被抛到九霄云外。人往往生于忧患、死于安乐，吴王终日游玩山水，国内待处理的政务也积累了一大堆。孙武担心朝政荒废、他国趁机来犯，所以入宫觐见吴王，诚恳地对吴王直言："大王，您今日取得的战果实属不易，俗话说创业容易守业难，何况如今天下并不太平，楚、越只是暂时屈服于我们，如果北方大国帮助他们就有可能卷土重来。而且，国内还有受苦受难的百姓，如果不能及时救助他们，必将激起百姓的愤怒，引发内乱。历史上殷商的灭亡是一面镜子，我国从中可以吸取教训，以免重蹈覆辙。"吴王每天听到的都是赞赏、恭维的话，突然听到这些丧气话，心中大为不快，但顾及孙武有功，便说："将军多虑了，今日的吴国再不比从前了，我们拥有广阔富饶的土地，中原诸国即使有觊觎之心，也不敢与我抗衡。何况周边这些小国家，他们早就归顺于我了。"像这样，孙武觐见了多次，到后来吴王听说是

孙武，就随便找个借口搪塞过去。后来，
朝廷中那些嫉妒孙武的小人便开始在吴
王耳边进谗言，说孙武不接受封赏还到
大王面前胡言乱语，明显是不把吴王放
在眼里，战争时期楚国使节那么听孙武
的话一定是与他背地里早就有勾结，如今
他不一定还有什么图谋，若吴王不加制
止，孙武早晚会站在吴王头上发号施令。
吴王开始没当回事，但是众口铄金、积毁
销骨，日子久了，吴王疑心加重，渐渐疏远
了孙武。

　　阖闾继续大兴土木，大肆征集劳动
力，为自己修筑多处宫殿和奢华陵寝，不
同的节日住在不同的宫殿。秋冬季节，阖
闾常常在城外的宫殿宴请百官，与众美
女饮酒作乐，连醉数日。春天一到，就换
上轻装，背上弓箭，带着宠幸之臣到郊外
打猎、观赏奇花异草。孙武见此情形，多
次规劝都无济于事，也就顺其自然，不再
上朝议事，在家中埋头著书。一日，好友

伍子胥到府上拜访，吴楚一战，多年的仇怨了结了，伍子胥终于可以告慰家族的亡灵。孙武看到朋友多年紧皱的眉头舒展开来，也长长地松了口气。两个人斟满酒杯，坐在一起回忆过去茅草屋中立下的志愿，从过去到现在，又谈到将来何去何从。酒喝到兴头上，孙武说："恕我直言，今日的吴王不图进取，沉迷于声色犬马，如果这样继续下去，恐怕我们辛辛苦苦换来的强盛不保啊！"伍子胥点点头，道："贤弟的意思我明白，我也曾多次阻止过吴王大肆修筑宫殿，避免劳民伤财，吴王却不予理睬。""那么伍兄将来打算怎么办呢？你的复仇大业已经完成了。如今的吴王听不进任何逆耳忠言，却亲近佞臣。"伍子胥深思了许久，道："我的家人本来就所剩无几，多年过去了，已经不知去向，我这片叶子也不知道该落在哪块土地上。辅佐吴王这些年，对这里的花花草草、风俗人情都习惯了，况且吴王待我不薄，我只求平静地走完这一生。贤弟以为如何？"孙武道："朝廷本是险诈之地，吴王现在渐渐疏远我们，他周围的那些亲信毫无大志，都是些贪图富贵之徒。即使你我安分做事，也免不了灾祸找上门来。不如我们一起回到过去的茅草屋，虽然吃饭没有鱼肉、出行没有马车，但是简简单单一日三餐，耕地读书，傍晚谈天说地，抛开世间的争斗，过一种闲适恬淡的日子。"但是，两个人没有达成一致，孙武也就打算先暂时留在宫中，继续着宫廷的生活。

阖闾继续享受着战争的荣耀，公元前496年听说越王刚刚去世，新即位的勾践年幼无知，阖闾想趁越国国内不稳亲自率兵攻打，以吴军破郢都的强大实力必定大败越军。在没做过充分战略分析的情况下，再加上吴军多年耽于安乐、对越国过度轻视，越王

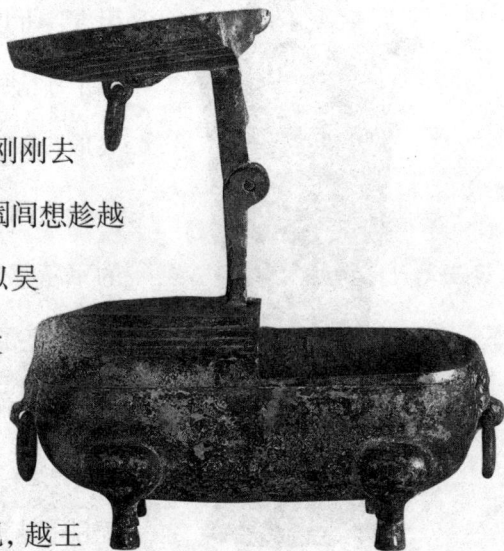

勾践筹划细致，诱骗吴军进入埋伏圈，士兵逃窜之中，越军将领砍伤吴王阖闾的双脚。吴军出师不利，退回军营，吴王阖闾由于伤势过重，不治身亡。吴国只好收兵撤回。太子夫差即位，他不忘父亲临终遗言，立志替父报仇雪恨。于是，夫差在孙武和伍子胥等人的辅佐下，每日天不亮就起来练习剑术，认真操练军队，储存粮草，积极备战。三年后，吴国重整旗鼓，准备出兵伐越。越王勾践听到这个消息后，打算先发制人，他带兵乘战船从水路出发。听说越国发兵，吴王夫差立刻调遣十万精兵迎战。伍子胥和孙武商议后，采取夜间迷惑敌军的战术，命令五千士兵分为两队，人人手持火把向越军驻扎的军营靠近。漆黑的夜色中火光连成一片，照亮了天空，鼓声震天，喊杀声此起彼伏。在孙武的精心策划下，南北方各出现一小队士兵，变换队形，看得越军眼花缭乱。越王毕竟年少，经验不足，见此情形不知虚实，误认为自己已经被包围，便有些乱了阵脚，越军将士见来者凶猛，也无心抵抗，一心设法逃跑。这时，孙武马上率领主力发起进攻，在越军慌乱之际，轻而易举地击退越军。吴军转防御为进攻，直抵越国都城，勾践带着损伤的残兵已经无路可逃，于是派越国大臣出城请求与吴国讲和，说越国甘愿向吴国称臣、交纳贡品，越王自知无能，愿为吴王种草喂马、服侍左右。吴国将领听后纷纷表示同意，而伍子胥建议吴王夫差不要和解，如果此时不灭越国，将来必成祸患。由于收了越国不少好处，太宰伯嚭力劝吴王接受和解，毕竟不费力就占领越国，还得到这么多军队、财富，如果拼死一搏肯定会伤及许多无辜，到头来两败俱伤。夫差听了这些，也不愿再战，就接受了越国的求和请求。在越王勾践进宫服侍吴王期间，伍子胥反复劝吴王杀掉勾践，勾践不是轻易服输的人，将来一定会复仇。而吴

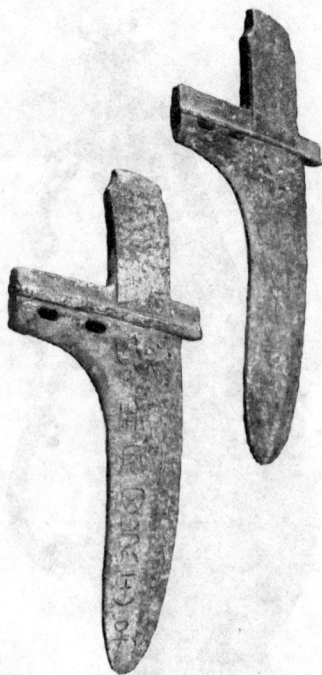

王夫差被勾践的殷勤迷惑，一直把勾践当作忠厚的臣子。越国一天天恢复强大，伍子胥见吴国危在旦夕，却无能为力，为了免受牵连，他将自己的儿子送到齐国。太宰伯嚭将这件事情禀告给吴王，并且告诉吴王："伍子胥这样做很有可能在串通齐国，当初他竭力劝您发兵灭掉越国，不就是想趁吴、楚交战帮助齐国削弱我国吗？再有，他劝您杀掉勾践，是想离间忠臣，将大王孤立起来，暗箭直指大王您啊。"夫差听了，没有做决断，立刻派人查清虚实，结果得知伍子胥之子已经到达齐国，证明了太宰伯嚭的话。于是，吴王赐给伍子胥剑，让他自尽。伍子胥悲痛万分，又悔恨当初没有听孙武的建议，他举起剑，仰天大呼吴国灭亡之日不远。这话又传到吴王耳朵里，他勃然大怒，派人从墓地挖出伍子胥的尸体，扔到江里。

得知伍子胥惨死的消息，孙武痛哭流涕，想到挚友为吴国鞠躬尽瘁大半生连尸体都不能保全，如果自己还继续呆在朝廷这块是非之地，还对吴王夫差抱有幻想，到头来必定遍体鳞伤。一同为吴国打江山的伍子胥死了，下一个落难的说不定就是自己，所以孙武决定必须要离开吴国。第二日一早，孙武进宫求见吴王，恭敬地说："臣一介草民，在无路可走之际投靠吴国，先王仁慈，不仅赐给臣府第，还授臣高官，臣感激终身。现如今臣身体大不如从前，带兵也心力交瘁，恐怕不能继续为大王排忧解难，幸好大王年轻有为，国内人才辈出，臣也就放心了。臣不求荣华富贵，只愿大王成全臣告老还乡这一点点微小的心愿。"吴王颇感惋惜，说："将军竭尽全力辅佐先王，带兵东征西讨，没有将军就没有吴国的今天，将军功不可没。我本想赐给您封

地，让您安享后半生，但将军情辞恳切，若我一再挽留反倒为难了将军。"孙武再三拜谢吴王，回府收拾行装，值钱的器具都放在原处不动，只将竹简和粗布衣服装上马车。清晨，吴王派众大臣为孙武送行，其中吴王身边的一个随从端着小盒子，说："将军，这是吴王赏赐给您的珠宝，买个宅院，保您后半辈子衣食无忧。"他又转身向马车摆摆手，下来两个貌美如花的年轻姑娘。随从道："这两个丫鬟也是吴王送给将军的，她们知书达理，以后可以侍候将军的日常起居。"孙武连忙作揖，道："吴王大恩，臣下无以为报。大王的一番心意，我接受了，但是这些珠宝和丫鬟，请您带回去，我还可以养活自己，有这些书陪伴就足够了。"送别的大臣见此情形，纷纷劝孙武收下，免得生活困窘。孙武道："谢谢诸位的好意！可是，这些对于我来说没有什么用处，我不知去何处，将四海为家，带着这些反倒是累赘，不如轻便地离开，随遇而安的好。"诸位大臣见孙武决心已定，所以就不再劝说了。孙武再次拜谢，饮一杯酒告别了众人，赶着马车，踏上归隐之路。都城渐渐隐没在夜色中，他走了一天，虽然腿脚有点儿疲乏，但是心里舒畅得很，呼吸着郊外的新鲜空气，扛着锄头的农夫三三两两地从身边走过，自己好像与这个世界分开了很久，在朝廷的紧张生活仿佛是一场虚幻的梦。

不知到了什么地方，也不知是吴国、楚国还是越国，孙武在一处僻静的山脚下搭建了一座草房子，在后山开垦了一小片土地，春季播种，天蒙蒙亮就开始锄地。太阳落山的时候，回到屋里，烧火蒸饭。看着炊烟袅袅升起，心仿佛也随之飘到无边的天际，没有任何羁绊。晚上，借着泛出一圈圈黄晕的豆大光亮，删改兵书，这是他一生的心血。当饱经沧桑的

目光停在"兵者，国之大事，死生之地，存亡之道"上，孙武想，祖父和父亲的一生都是以战争为伴，我自幼学习兵书，后来自己著书，指挥吴军讨伐周边也是为了实践自己的想法。现在自己逃出战争的圈子，但是在战场上看尽了人命如草芥，一路上看尽了骨肉相离，为了夺权手足相残。即使一直以来主张伐谋，但战争不可避免会有损伤，能不能有比伐谋更好的办法来治理国家呢？

思考着战争、思考着人生、思考着世界，这位伟大的军事家悄悄地闭上了双目，离开了征伐、离开了战争。

后来吴王夫差听信谗言，沉迷酒色，不理朝政。越王勾践忍辱数年，积累了充足的兵力、物力，在一年冬季发兵讨伐吴国。吴军毫无防备，仓皇而逃，越军将吴国都城围困数日，城内粮食越来越少，士兵饥饿难耐，守门将士打开城门，主动投降。越军轻而易举地进城，士兵们冲进吴王宫殿，将吴王层层围住，吴王夫差自知失掉都城已经无颜面对先祖，若再落入敌军手中，更是奇耻大辱，所以拔剑自刎。

据史书记载，孙武卒于公元前480年左右，死后葬在吴国都城的郊外。后人在他的墓旁栽种了柏树，纪念这位卓越的军事家。时隔千年，直到今天，民间还流传着当年孙武伐楚的许多传奇故事。

七、兵学圣典《孙子兵法》

　　孙武一生智慧的结晶——《孙子兵法》，是我国历史上现存最早的、体系完备的兵书专著，也是世界兵学宝库中的珍品。孙武在总结商、周、春秋时代战争经验的基础上，融入个人对战争的看法、战略战术。同时孙武辅佐吴王多年，亲自率领吴军伐楚、攻越，参加了许多大大小小的战役，在实践中不断修改和完善自己的军事理论，取得了巨大的成果。该书内容极为丰富,包括战胜敌军的规律、将领的才能和职责、军队的编制和训练、战场上遵循的原则、后备资源的供给、战争中的天气状况、战略地形等等,被尊为"百代谈兵之祖"和"兵经"。

全书共分为十三篇,包括《计篇》《作战篇》《谋攻篇》《形篇》《势篇》

《虚实篇》《军争篇》《九变篇》《行军篇》《地形篇》《九地篇》《火攻篇》《用间篇》。前半部分主要从整体上讲取得战争的胜利需要具备哪些条件、怎样有效地从全局指导战争、在战争中如何掌握主动权等战略思想。后半部分则侧重从具体问题入手，讲述战争中的地形、阵势、进攻等细节。

在春秋战国时期，由于特殊的社会状况，研究战略战术的思想家很多，保存至今的只有《孙子兵法》《吴子》《司马法》《六韬》《尉缭子》和新出土的简本《孙膑兵法》六家。这些兵书中，其他五家远不及《孙子兵法》声名卓著。《孙子兵法》经历千年历史的淘洗，流传下来，说明孙武总结的经验对于战争及战争之外的其他事情具有普遍的指导意义，为历朝历代君臣将帅所接受。此外，该书阐述兵法细致入微，对火攻、使用密探的方法、战争地形作了深入的分析，划分为许多种类，并提出应对策略，具有很强的实用性。根据《韩非子·五蠹》和《史记·孙子吴起列传》记载，《孙子兵法》在战国和西汉时代就是用兵者的必读书目。战国时代的孙膑与庞涓共同向鬼谷子请教兵法，学成之后，孙膑运用围魏救赵的计谋，帮助赵国走出困境。汉代谋臣张良和武将

韩信，精通孙子兵法，在楚汉战争中巧妙施展计谋，帮助刘邦战胜西楚霸王项羽，建立大一统国家。三国时期，战略名家曹操对该书备加推崇，他认为《孙子兵法》是兵书中的精华，于是反复诵读，领会精髓，在战争中力克群雄，统一中原。

虽然一提到孙子，人们首先就会想到战争，《孙子兵法》通篇也是在教给读者如何在战争中出奇制胜。但是孙武并不是一个喜好攻伐、提倡战争的人，我们要看到"慎战"是他探讨作战的出发点；维系和平、避免战争是他的理想。但是身处春秋混战的社会，时代在每个人的心中都打上了战争的烙印。在稳定难以维持、不得不战的情况下，孙武发表了自己对战争的看法。如果说在《孙子兵法》中，孙武绞尽脑汁告诉人们作战取胜的千万个策略，那也是不得已而为之的。

下面选取《孙子兵法》中的几个重要

思想来谈,并且举出历史上有名的战役相佐证。

(一)《孙子兵法》的核心——上兵伐谋

战争关系国家生死存亡,是一件需要慎重对待的大事,而只要是战争就难免要损兵折将、破坏极大。孙武站在更高的角度来看,在战争中既想取得胜利,而又避免流血伤亡,最佳的途径就

是——伐谋。

孙子曰：凡用兵之法，全国为上，破国次之；全旅为上，破旅次之；全卒为上，破卒次之；全伍为上，破伍次之。是故百战百胜，非善之善者也；不战而屈人之兵，善之善者也。故上兵伐谋，其次伐交，其次伐兵，其下攻城。攻城之法，为不得已。

（《孙子·谋攻篇》）

保全双方，不通过战争而使对方主动归顺，才是真正善于作战的人，是战争的最高境界。所以，计谋才是作战的根本，也是贯穿于全书的精神。在作战前，要进行周密的分析，孙武在《孙子·计篇》中提出："夫未战而庙算胜者，得算多也；未战而庙算不胜者，得算少也；多算胜，少算不胜，而况于无算乎？吾以此观之，胜负见矣。""庙算"是指古代社会，国君在发动战争之前，都要将众将领召

集到庙堂上举行会议，一起谋划作战大计。对敌我状况分析得越全面、获得的信息越可靠，取胜的几率就越大；而不进行任何谋划就盲目作战，是最为愚笨的。谋划涉及方方面面，要"经之以五事"，"校之以七计"。即从五个方面分析研究，一是道，要看发动战争是否正义，是否得到百姓的支持，上下同心同德；二是天，昼夜、寒暑、风雨、季节等天气状况对战争有极大的影响；三是地，根据路程远近、地势险阻、地域广狭的不同，采取不同的攻伐防守策略；四是将，将领是否足智多谋、赏罚分明、爱护士兵、军纪严明、勇敢果断等；五是法，军队的编制和管理是否合情合理，后备资源供给是否及时稳定等等。孙武综合了自然和人事双方面因素，尽量使各方达到最佳的状态。具体的衡量标准是"七计"，要看哪一方的君主更加得民心，哪一方的将帅智勇双全，哪一方获得天时地利，哪一方法令施行到位，哪一方军队的力量强大，哪一方士兵勇猛顽强、训练有素，哪一方赏罚分明。通过这些来判断哪一方获胜，"七计"是对"五事"的延伸。

　　智谋可以化解激烈的军事冲突，平息一触即发的战争，公元前630年，烛之武帮助郑国摆脱秦晋两大强国的围攻就是一例。晋国和秦国联合举兵攻打弱小的郑国，郑国危在旦夕，郑文公召来善于辞令的老臣烛之武，派他游说秦穆公。烛之武接受这一重任后，秘密出城到秦军阵营，恭恭敬敬地对秦穆公说："大王，目前郑国处在秦晋这样两个数一数二的大国包围之下，自己也知道快要灭亡了。如果郑国灭亡了对您有好处，那么您发兵也是值得的。可是秦国和

郑国之间隔着一个晋国，郑国的领土是
不能直接并入秦国的，倒是很可能被晋国
占有，既然这样，您为什么劳累秦国士兵
来帮助晋国扩张版图呢？晋国的实力增
强了，相当于削弱了秦国，对秦国是十分
不利的。大王您何不把郑国留着作为远
方的伙伴呢？有什么外出交流的使节还
可以在郑国休息，成为您东方道路上招
待客人的地方。而且郑国国君将感激您。
您的敌人不是郑国，而是忘恩负义的晋
国，当年您帮助晋惠公立稳脚跟，他答应
回国后把焦和瑕这两个地方给您，可是
他刚回去就开始修筑防守的城墙，根本

没有兑现自己的承诺。晋国这次联合秦国想吞并郑国，其欲望是无边的，那么下一个要扩张的领地恐怕就是您的国家了。"秦穆公听了这一番话，频频点头，于是和众将领商量后，带着秦国的人马撤退了。晋文公见此情形，本来想继续攻打秦国和郑国，但想起秦穆公在自己流亡的时候伸出援手，才得以夺回政权，所以晋国也就收兵了。

（二）兵贵神速

"兵之情主速，乘人之不及，由不虞之道，攻其所不戒也。"（《孙子·九地篇》）

"孙子曰：凡用兵之法，驰车千驷，革车千乘，带甲十万；千里馈粮，则内外之费宾客之用，胶漆之材，车甲之奉，日费千金，然后十万之师举矣。"

"其用战也贵胜，久则钝兵挫锐，攻城则力屈，久暴师则国用不足。夫钝兵，挫锐，屈力，殚货，则诸侯乘其弊而起，虽有智者，不能善其后矣！故兵闻拙速，未睹巧之久也；夫兵久而国利者，未之有也……故兵贵胜，不贵久；故知兵之将，民之司命，国家安危之主也。"（《孙子·作战篇》）

战争需要耗费大量的物资，由于古时候经济、交通不发达，如果离开本国，率兵长途跋涉，就要尽可能地节省一切劳力。在出发前要做好充分的准备，包括轻

便马车、重型战车、粮草、维持作战所需的各种物资器械、与诸侯国往来的费用等，这些不是一朝一夕就能备齐的，而是需要若干年的积累，有强大的经济、政治实力做后盾。率领越庞大的军队出征，每天耗费的人力物力越大，所以要讲求速战速决，时间拖久了，一方面，士兵的锐气会被挫伤，战斗力减弱，攻打城池就会耗尽所有的力量；另一方面，军队长期在外作战，国家财政将难以支撑，经济逐渐萧条，百姓生活每况愈下，而且，其他诸侯国很可能趁国内空虚发兵攻打，使军队措手不及。所以，为了避免大量从远方运送粮草，孙武提出相应的对策，即"役不再籍，粮不三载，取用于国，因粮于敌"，善于带兵的将领，不反复征集士兵，以免引起反战情绪；粮草不多次运送，只从本国带来武器，粮草依靠敌国来解决，这样军队就可以保证充足的供给了。

例如，本书中提到的，孙武在率吴军

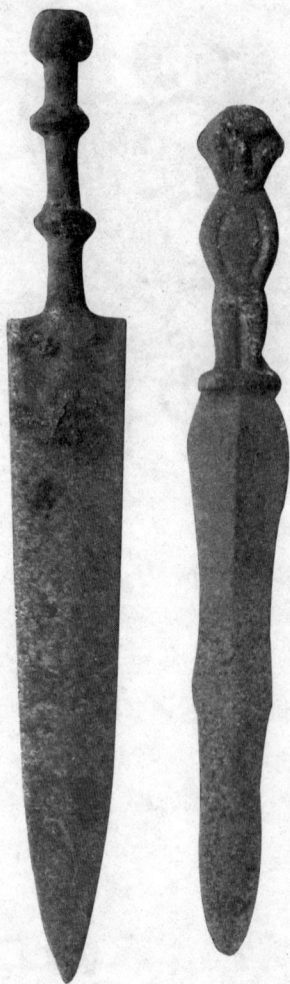

不远千里进兵楚国的战争中，趁楚军士兵在逃跑路上停下来，准备烧火做饭的时候，吴军发起攻势，楚军将士只有丢掉食物，饿着肚子仓皇而逃，而楚军还没动的粮食为吴军提供了丰盛的午餐。

（三）奇正之法与避实击虚

"凡战者，以正合，以奇胜。故善出奇者，无穷如天地，不竭如江河，终而复始，日月是也；死而复生，四时是也。声不过五，五声之变，不可胜听也。色不过五，五色之变，不可胜观也。味不过五，五味之变，不可胜尝也。战势不过奇正，奇正之变，不可胜穷也。奇正相生，如循环之无端，孰能穷之哉！"（《孙子·势

篇》）

　　"夫兵形象水，水之形，避高而趋下；兵之形，避实而击虚；水因地而制流，兵因敌而制胜。"（《孙子·虚实篇》）

　　战争中处处讲战术，奇正之法、避实击虚是孙武提出的重要取胜策略，是后人最为常用的。奇正、虚实都重在变化。作战要靠出奇制胜，奇与正相配合，可以幻化出无穷的谋略。像水从高往低流动一样，用兵也要避开敌人坚实之处而攻打其空虚之处。这就要求将领有足够的智慧驾驭战争。最为关键的是掌握战争的主动权，也就是"致人而不致于人"，随时能够调动敌人为我所利用，使休养好的敌人变得疲劳，使供给充足的敌人缺乏粮草，使整齐的敌军变得混乱，使敌军始终暴露在外。最后将敌方的实化解为虚，变自己的虚为实，当自己力量不足时，设法迷惑敌军耳

目，表现出准备充足的样子，敌军不敢轻举妄动。处处体现出孙武用兵的谋略。

　　三国时期，诸葛亮摆下的空城计便是巧妙避开敌人强势保全自我的例子。公元227年，诸葛亮出兵伐魏，由于误用马谡而导致街亭失守，诸葛亮打算撤回，先率五千士兵到阳平城搬运粮草，司马懿见此机会便亲自率十五万大军攻打阳平城。当时，诸葛亮身边无一员大将，只有一班文官，所引五千军队，已分一半运粮草而去，城中仅剩两千五百名军士，城内众人惊慌失措。诸葛亮镇定自若，下令偃旗息鼓，大开城门，每一门仅用军士二十人，扮作百姓，洒扫街道。诸葛亮本人则披鹤氅、戴纶巾，到城上敌楼前凭栏而坐，焚香抚琴，身边仅有两小童，一捧宝剑，一执麈尾。魏军来到城下，皆不敢进。司马懿因诸葛亮平生谨慎，不曾弄险，怀疑其有埋伏，立即下令退军。诸葛亮军因此化险为夷。

孙子还指出具体情况下如何运用避实击虚：

"出其所不趋，趋其所不意；行千里而不劳者，行于无人之地也；攻而必取者，攻其所不守也；守而必固者，守其所不攻也。故善攻者，敌不知其所守；善守者，敌不知其所攻。微乎微乎！至于无形，神乎神乎！至于无声，故能为敌

之司命。进而不可御者，冲其虚也；退而不可追者，速而不可及也。故我欲战，敌虽高垒深沟，不得不与我战者，攻其所必救也；我不欲战，虽划地而守之，敌不得与我战者，乖其所之也。"（《孙子·虚实篇》）

出兵要指向敌人无法援救的地方，也就是攻打对方防守空虚之处。我军要行走在敌军不设防的地方，如入无人之地，这样士兵就不困乏。善于进攻的，使敌人摸不到防守的方向；善于防守的，使敌人找不到进攻之路。看不出我方行踪的蛛丝马迹，却在暗地里将敌军牢牢控制住。这样，战与不战，完全取决于我方。

虚虚实实，要善于变化，因敌制胜。他认为：

"兵者，诡道也。故能而示之不能，用而示之不用，近而示之远，远而示之近。利而诱之，乱而取之，实而备之，强

而避之，怒而挠之，卑而骄之，佚而劳之，亲而离之。攻其无备，出其不意，此兵家之胜，不可先传也。"（《孙子·始计篇》）

作战就是斗智的过程，就是想出各种诡诈的办法引敌人上钩，一方面，要适时隐藏我方的真实情况使敌人获得错误信息、麻痹敌人，例如，能攻打却装作实力不足；要进攻却装作不准备进攻；打算从远处进军却装作从近处发兵。另一方面，针对敌军不同特点抓住时机、设法控制对方，例如，如果敌人十分贪婪，就用各种利益来诱骗他；如果敌人处于混乱状态就要马上进攻；对于准备充分的敌人，要千方百计地加强防御；如果敌军非常强大，要尽量避开与其正面交战；对于易怒的敌人，要想办法激怒他；对于轻视我方的敌人，要使其更加骄傲；对于团结一致的敌人，要设法离间他。水的流动没有固定的形状，用兵的谋

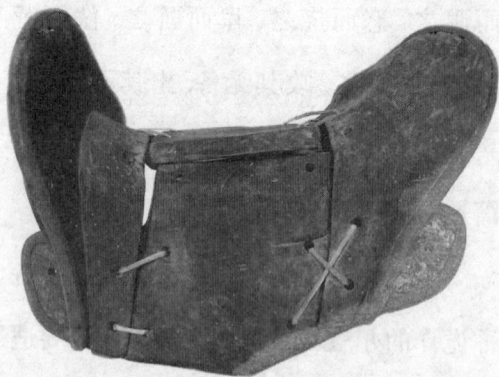

略也没有固定不变、放之四海而皆准的模式，法无定法，需要指挥者从实际情况出发，不同形势下采取不同战术。春夏秋冬四季交替，月圆月缺不断变化，用兵也如此，变是永恒的真理。

（四）知己知彼

"知彼知己，百战不殆；不知彼而知己，一胜一负；不知彼，不知己，每战必败。"（《孙子·谋攻篇》）

"知吾卒之可以击，而不知敌之不可击，胜之半也；知敌之可击，而不知吾卒之不可击，胜之半也。知敌之可击，知吾卒之可以击，而不知地形之不可以战，胜之半也。故知兵者，动而不迷，举而不穷。故曰：知彼知己，胜乃不殆；知天知地，胜乃可全。"（《孙子·地形篇》）

除了自身要有充分的物资、兵力准备，还要知道双方的情况。孙武提出"知"与"战"的关系，"知"是"战"的前提条件，在了解自身和对方的具体情况后作战，军队士气大增，士兵将会愈战愈勇。只清楚自己而不掌握对方的情况，胜负难料，而对自己和对方都毫不知情，鲁莽出兵的，必定要战败。

所以，有充分准备的一方面对毫无准备者，定然是胜券在握。公元前633年，楚国攻打宋国，宋国向晋国求救，次年，晋国出兵攻占了楚国的盟国曹国。楚国大将子玉率兵与晋军相持，子玉派人告诉晋文公：

"如果晋军从曹国撤兵，那么楚军也从宋国撤走。"晋文公思索再三，听取了先轸的建议，表面同意，暗地里把曹、卫的一部分土地赠送给宋国，坚定宋国抗楚的决心。回国后，楚成王告诫子玉，晋文公非等闲之人，小心中计。但是子玉根本听不进劝告，仍坚决要求与晋军决战。楚成王优柔寡断，同意了子玉的决战请求。战前，晋文公召集大臣仔细分析地形，讨论军队如何部署、战车的配备、粮草运送渠道等。晋文公见楚军向曹都陶丘逼近，为了避开楚军的锋芒，选择有利的决战时机，诱敌深入，于是下令部队主动"退避三舍"，撤到预定的战场——城濮一带。在军事上为自己创造便于同齐、秦等盟国军队会合，集中兵力的机会。而子玉见此情形，便信心十足地告诉将士，晋军惧怕楚军，不战而退，一旦楚军出战无需三日便可击溃晋军。

子玉刚愎自用，过分轻视晋军，楚军没有做好打艰苦战争的准备。于是，大战开始后，楚军虽然抢先占据了有利的地形，但当被晋军引诱至城濮后，晋国三军夹击楚军，楚军陷入被动，而马车上的粮食也只够吃三天，将士无力再战，连连撤退，子玉被迫自杀。

（五）利害之术

"智者之虑，必杂于利害，杂于利而务可信也，杂于害而患可解也。"

"途有所不由，军有所不击，城有所不攻，地有所不争，君命有所不受。"（《孙子·谋攻篇》）

睿智的将领能够全面地分析战况，看到利害是相伴相生的，明白我方的有利因素就可以增强自身信心，看清不利的一面、具有强烈的忧

患意识，努力改变不利条件，尽量趋利避害。在具体的行军作战中，要有把握全局的战略眼光，遇到问题，仔细分清利弊，避免以偏概全，根据不同情况，灵活应对，果断行事。

在作战的过程中，并非所有城池都要攻下、所有土地都要占领，要从整体着眼，如果有悖于战争的整体进展，则要选择暂时放弃，不宜因小失大。

例如，193年，徐州牧陶谦起兵谋反，占领了周围华县、费县等许多地方。曹操的家人死于谋反者的屠刀之下。为了平定叛乱，这年秋季曹操率兵讨伐陶谦。经过仔细分析，华县、费县这两个城池虽然地方小，却防守坚固，城内粮草供应充足，想在短期内攻打下来，必定会损失大量兵力。而当时曹操有攻打徐州的计划，考虑再三，打算暂时放弃进攻华县，集中分散的兵力一齐进攻徐州，占领了徐州境内十几个县，陶谦吓得不敢出城。陶兵死

伤数万人，华县、费县早已无心防守，只得拱手让出。很显然，曹操出兵的目的是为了消灭陶谦的势力，华县、费县是陶谦势力强大之处，如果坚持攻打，将破坏整个计划。

《孙子兵法》包含的许多战略战术是千变万化的，从战国到唐宋再到今天，不同时代的人都可以从中汲取丰富的精神养料，同时为其注入新鲜的血液，焕发勃勃生机，如江河日夜奔流不息，孙武撑起的这片兵家天空将越来越开阔，越来越高远。

大权这简直是微不足道的。

面对纷纭的战争，讨论军队阵势、作战方式、预测未来格局成为春秋时期的热点话题，各地的智谋之士相继提出了作战之法、制胜之道，他们或是受人举荐或是主动奔走于各诸侯国为诸侯效力。《左传》中记载了一场历史上有名的以少胜多的战役，即长勺之战，在这场战役中，鲁国采纳曹刿的战争策略"一鼓作气，再而衰，三而竭"，战胜强敌。晋国士会提出"见可而进，知难而退，军之善政，兼弱攻昧，武之善经也"，也就是说在战争中要善于抓住时机，攻打弱小的国家，见有利的形势才可以发动战争。在春秋时代，各种军事思想闪烁着智慧之光，同时也涌现了一批杰出的军事奇才。